Género Ficción realista

I0799118

Pregunta esencial

¿Qué trabajos se necesitan en una comunidad?

Papeles y latas

Ana Pérez Regal
ilustrado por Pablo de Bella

LECTURA COMPLEMENTARIA

Aldo ve papeles y latas.
Están por todos lados.

Demi los ve también.
Eso no les gusta.

Van a pedir ayuda.

Dani es el nuevo amigo de Aldo.
Él ayuda a limpiar.

Dino es un amigo que tiene una pala. Él ayuda.

Adela hace el pan. Ella ayuda.

Dido poda los setos del parque. Él ayuda.

Eda hace la sopa en la escuela. Ella ayuda.

Dalma sale en la tele.
Ella ayuda.

—¡Esta bolsa está tan pesada! —dice Demi.

Aldo le da una mano a Demi.

—¡Aquí hay como mil latas! —dice Aldo.

—Se ve muy bien —dice Aldo.

—No hay más latas ni papeles —dice Demi.

Con la ayuda de todos...
¡el parque está limpio!

Respuesta a la lectura

Volver a contar

Vuelve a contar los sucesos de *Papeles y latas* con tus palabras.

Personaje	Ambiente	Sucesos

Evidencia en el texto

1. ¿Quiénes son Demi y Aldo?

   Personaje, ambiente, sucesos

2. ¿Qué hacen Demi y Aldo para ayudar a la comunidad?

   Personaje, ambiente, sucesos

3. ¿Cómo sabes que *Papeles y latas* es un cuento de ficción realista? Género

Género **No ficción**

Compara los textos

¿Qué ocurre con la basura?

El centro de reciclaje

¿Qué se separa aquí?

Haz conexiones

¿En qué se parecen las dos lecturas?

El texto y otros textos

Enfoque:
Género

Ficción realista Una ficción realista es una historia inventada que cuenta sucesos que podrían ocurrir en la vida real.

Lee y descubre Los personajes de *Papeles y latas* son como las personas reales. Sucede en un lugar que parece real. Los sucesos podrían ocurrir en la vida real.

Tu turno

Planea un cuento de ficción realista sobre un trabajo en tu comunidad. Anota los personajes, el ambiente y los sucesos que podrían ser reales.